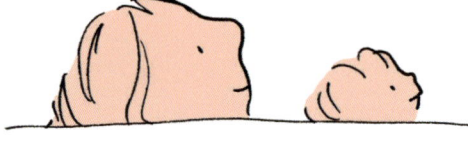

Polly Dunbar

Hallo
Mama

Polly Dunbar

Hallo Mama

Vom (fast immer) großartigen
Leben mit kleinen Kindern

Aus dem Englischen von Ulrike Kretschmer

Kösel

Penguin Random House Verlagsgruppe FSC® N001967

Die Originalausgabe erschien unter dem Titel *Hello, Mum*
im Verlag Faber & Faber Limited, London, Vereinigtes Königreich.

Copyright der deutschsprachigen Ausgabe © 2021 Kösel-Verlag, München,
in der Penguin Random House Verlagsgruppe GmbH,
Neumarkter Str. 28, 81673 München
Übersetzung: Dr. Ulrike Kretschmer
Umschlaggestaltung: Weiss Werkstatt München
Umschlagmotiv: © Polly Dunbar
Innenteilabbildungen: © Polly Dunbar
Satz: dtp im Verlag
Druck und Bindung: Alföldi Nyomda Zrt., Debrecen
Printed in Hungary
ISBN 978-3-466-31167-5
www.koesel.de

Dieses Buch ist auch als E-Book erhältlich.

Für meine

Jungs

Dieses Buch verdankt seine Existenz mehr oder weniger einem Zufall. Ich schreibe und illustriere Bücher für Kinder schon seit meinem Abschluss an der Kunsthochschule. Aber erst, als ich selbst Kinder hatte, dachte ich darüber nach, auch etwas für Erwachsene zu zeichnen.

Ich wollte einfach nicht, dass all die unglaublich lustigen und wunderschönen Augenblicke ihrer Kindheit vom Winde verweht wurden. Und die einzige Möglichkeit, sie festzuhalten, so schien mir, bestand darin, sie rasch auf's Papier zu bannen, als Bilder—Tagebuch, wenn man so will. Die Zeichnungen in diesem Buch sind fast ausnahmslos viel zu früh am Morgen entstanden — mit dem Kaffee in der Hand, dem Skizzenbuch auf dem Schoß und über mich hinwegkletternden Jungs, die sich meine Stifte >>borgten<<.

Neben der schieren Erschöpfung und dem heillosen Chaos, die das Muttersein mit sich bringt, habe ich hoffentlich auch etwas von der funkelnden Magie des Ganzen eingefangen. Die Fantasie von Kindern hat mich schon immer fasziniert, wahrscheinlich schreibe ich deshalb Kinderbücher.

Ich schätze mich ungeheuer glücklich, meine beiden Jungs zu haben, die mir die Welt auf ihre Weise zeigen, in all ihrer Frische, Absurdität und Lustigkeit.

Ich danke all jenen, die mich via Social Media unterstützt haben – das hat mich wahnsinnig angespornt. Ich bin gerührt, dass sich einige da draußen von meinen Zeichnungen angesprochen und wahrgenommen fühlen.

Und natürlich danke ich Sonny und Cody, die mich gleichermaßen beflügeln und erschöpfen.

Ich liebe euch bis zur Küche ... zum Mond
... zu den Sternen
und zurück!

Wird
schon schiefgehen,
Mama.

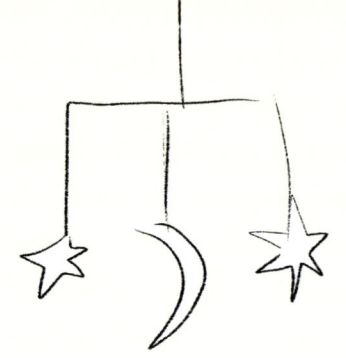

Hallo, Baby.

Phase 1

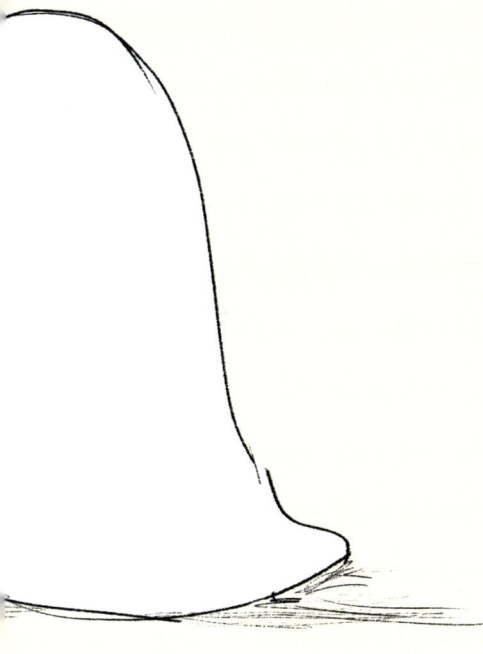

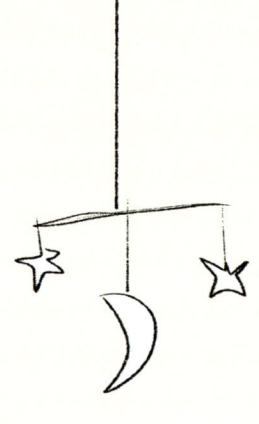

und jetzt?

Wie ist das nur möglich?

Wie ist das nur möglich!?!

Das gibt's doch nicht.

Das gibt's doch nicht!

Wie ist das nur möglich ...

... dass es dich gibt?

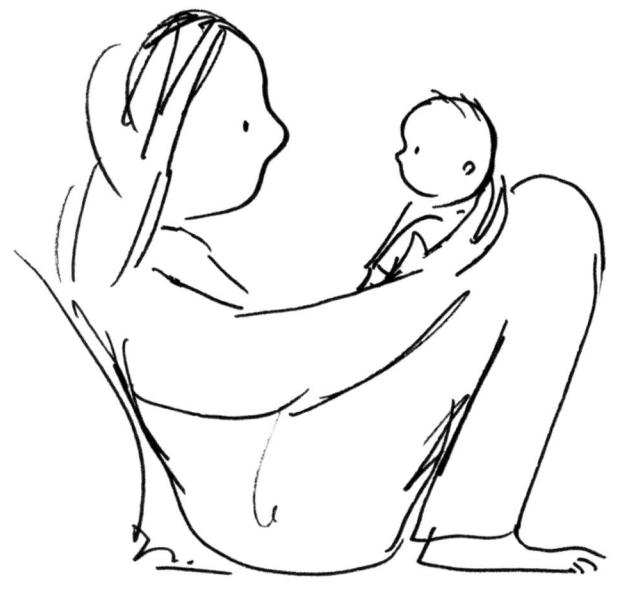

Puh.

Wie?

Ob ich das Muttersein genieße?

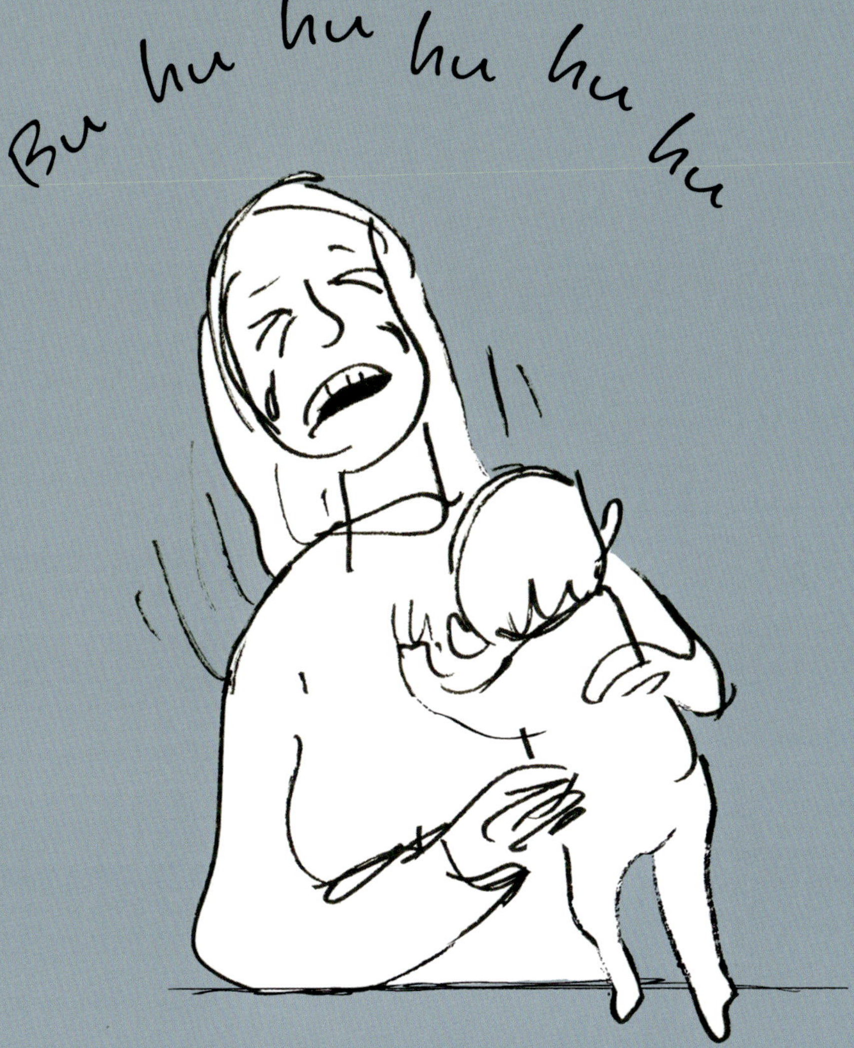
Bu hu hu hu hu hu

Ja, natürlich!

MÜDE?
HUNGRIG?
WINDEL NASS?
Ist DIR ZU WARM?
WINDEL VOLL?
ZAHNST DU?
BLÄHUNGEN?
Sagte ich MÜDE schon?
Ist DIR ZU KALT?
WIRST DU KRANK?
VÖLLIG FERTIG?

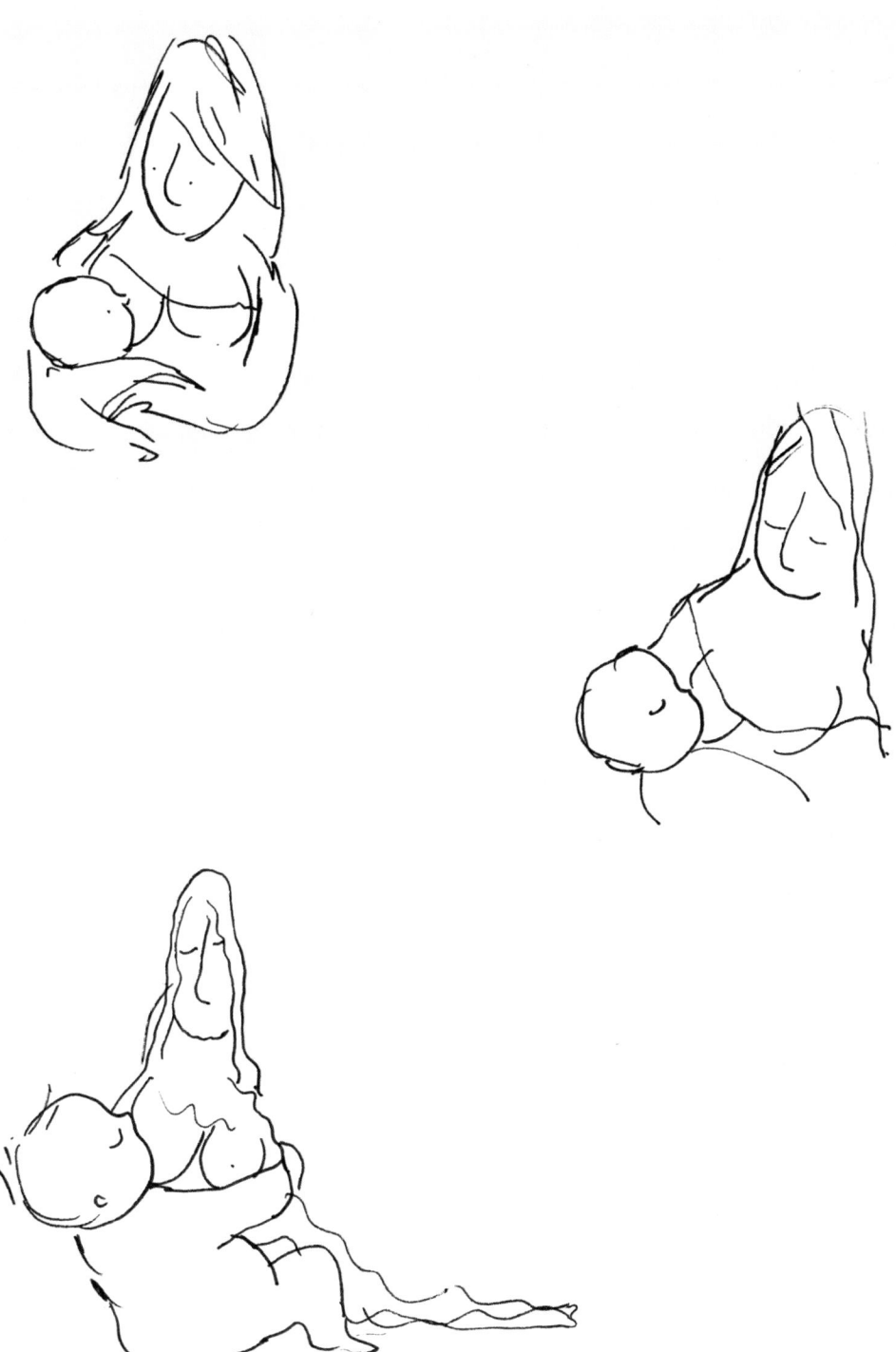

Zusammenklappen

Spitzenmodell der Klasse

»Zusammenklappen und fertig«

Einfach Baby herausnehmen ...

... und Wagen zusammenklappen

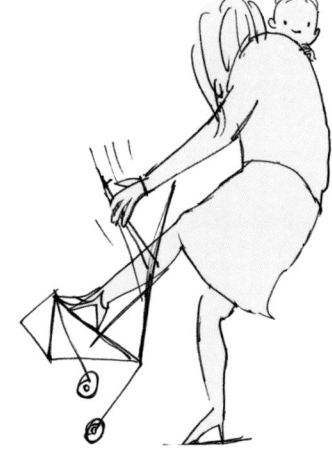

und Wagen zusammenklappen ...

... Wagen zusammenklappen

zusammenklappen ...

zusammenklappen ...

Glückwunsch!

Das Zusammenklappen hat geklappt.

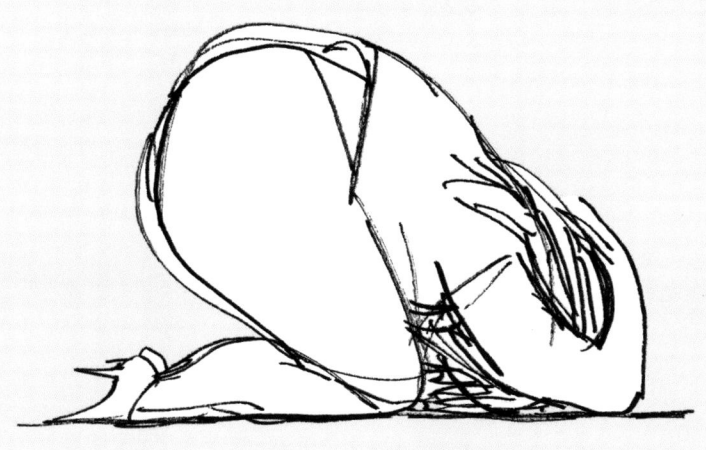

Sie sind jetzt (völlig) fertig!

Ach, du bist das Schönste, Süßeste, Kuscheligste, Knuddeligste auf der ganzen Welt!

Ja, klar.

Hoch hinaus ......

liegen

drehen

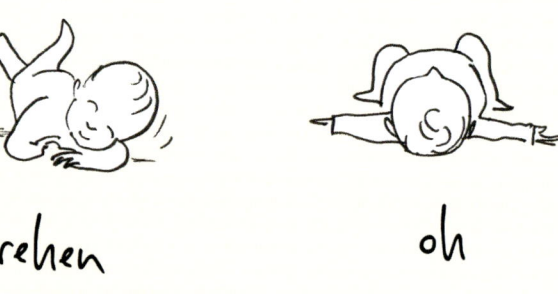

oh

sitzen

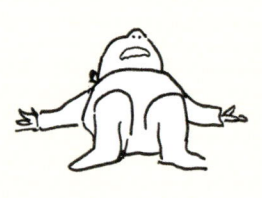

hoppla!

noch mal ...

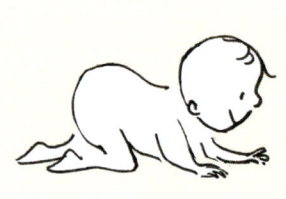

krabbeln

wanken

laufen ...

rennen ...

fliegen ...

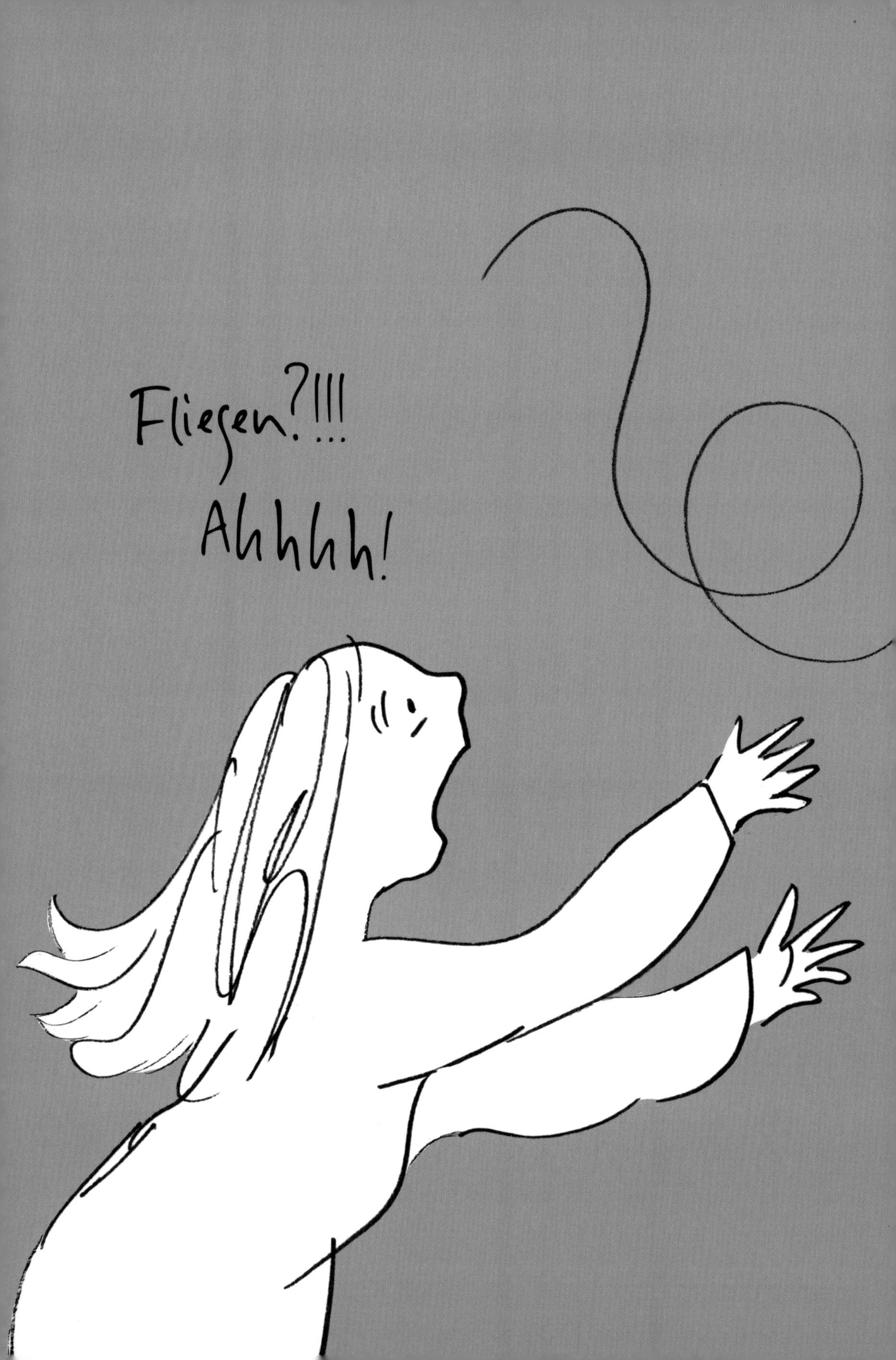
Fliegen?!!!...
Ahhhh!

Phase 2

Brabbel brabbel
brubbel
brubbel brabbel
blub.

ta
ta da
da ba
ba
bassap.

Brabbel
brub.

Jetzt verstehen
wir uns.

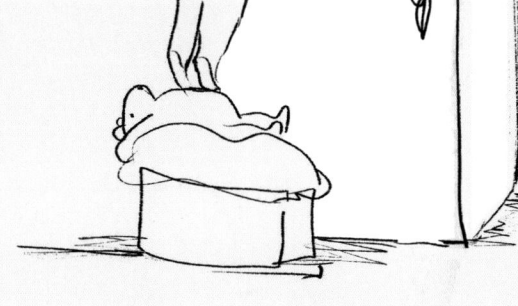

Glugg

glugg

glugg

schlürf.

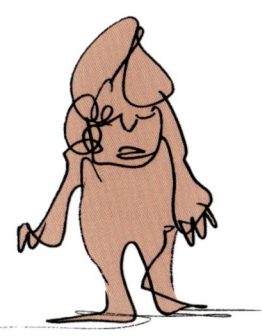

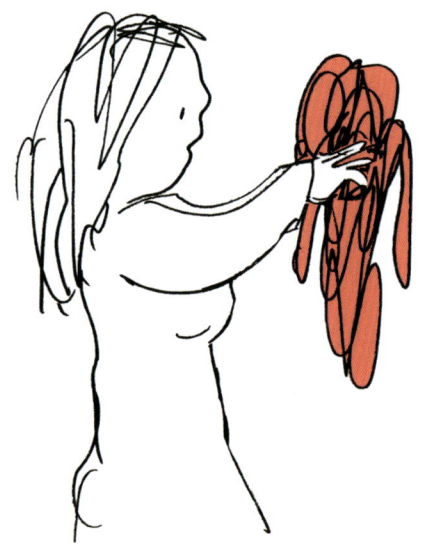
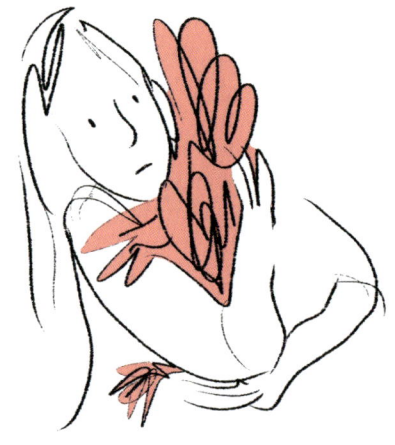

Na, müde?

Schlaf bitte.

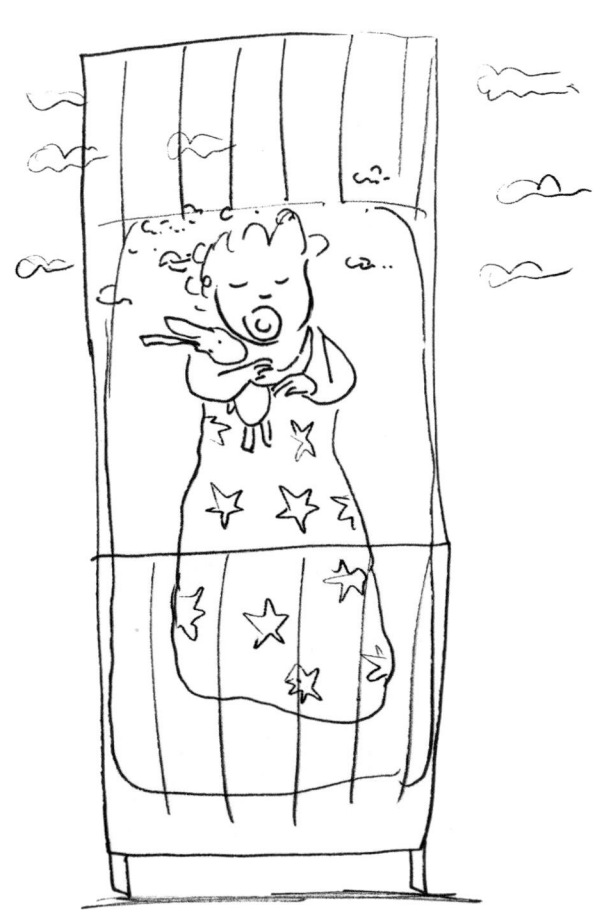

Mama ...

... Mama?

Mama?

Mama!!!...

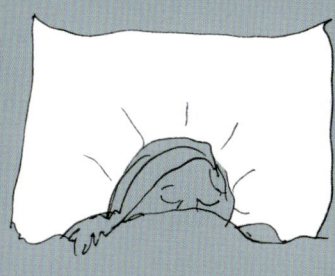

Mama.

Papa!

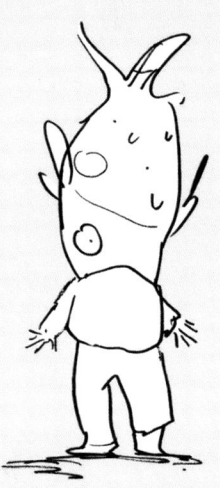

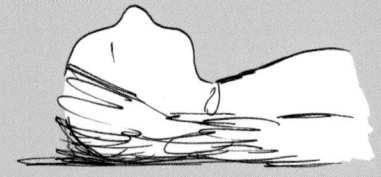

Erst waschen ...

und dann ...

abtrocknen.

Da muss ich jetzt aber einen Schlussstrich ziehen!

Danke.

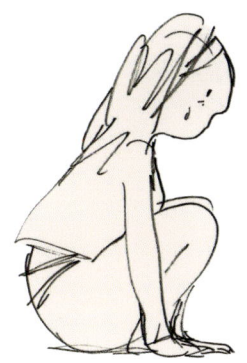

tut mir leid,
dass ich
wütend
geworden bin,
Schatz.

Schon gut,
Mama.

Me-time ...

You-time

 mit nach Hause, Mama?

 mit nach Hause, Mama?

mit nach Hause, Mama?

mit nach Hause, Mama.

Nach Hause,
Mama!

vorsichtig.

... immer schön vorsichtig, bitte.

Das ist nicht vorsichtig.

Nicht knuddeln.

Wie peinlich.

Hilft mir mal bitte jemand?!

Oh, hallo, Babydinosaurier!

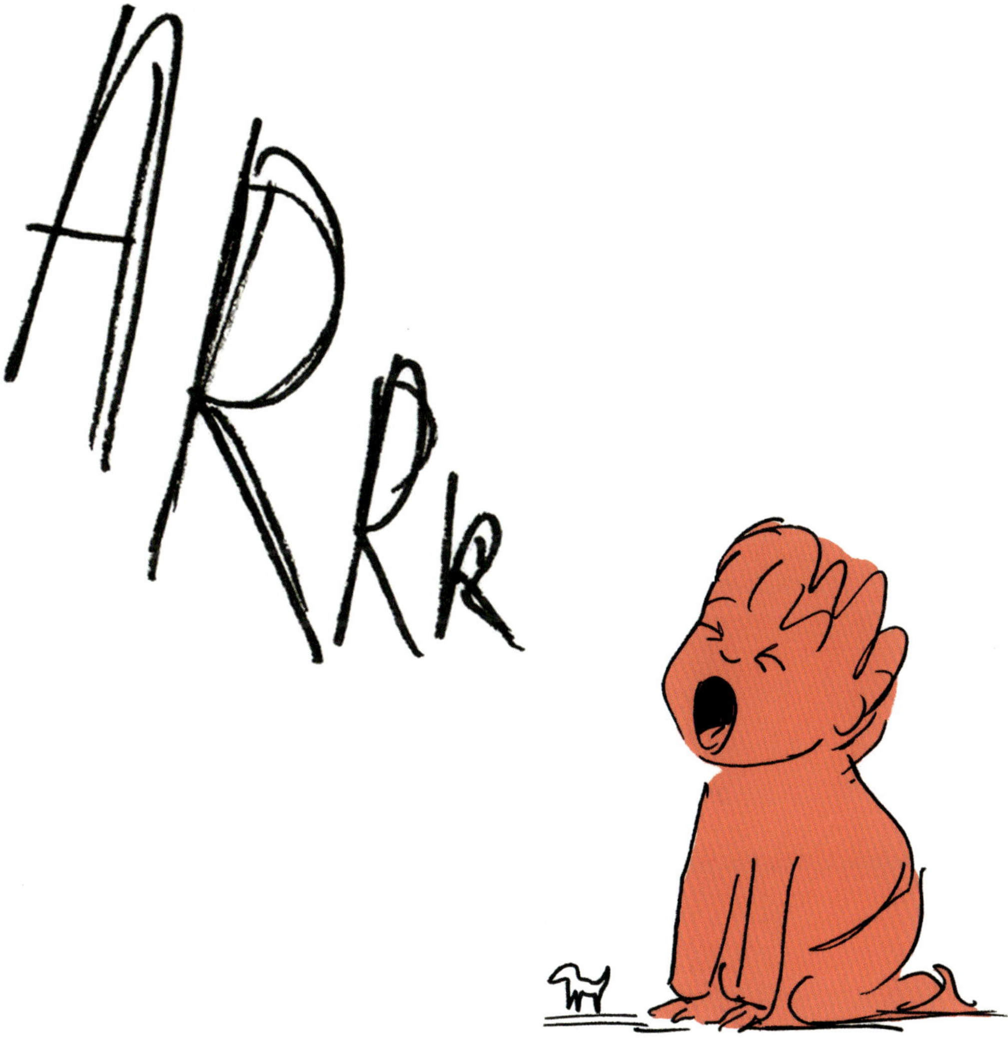
ARRK

tragen
tragen
tragen

warte
warte
warte

hab dich
hab dich
hab dich

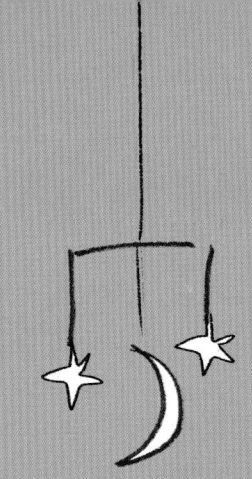

schlaf bitte.

Phase 3

Mama?

Mama?

Mama?

Mama?

Mama?

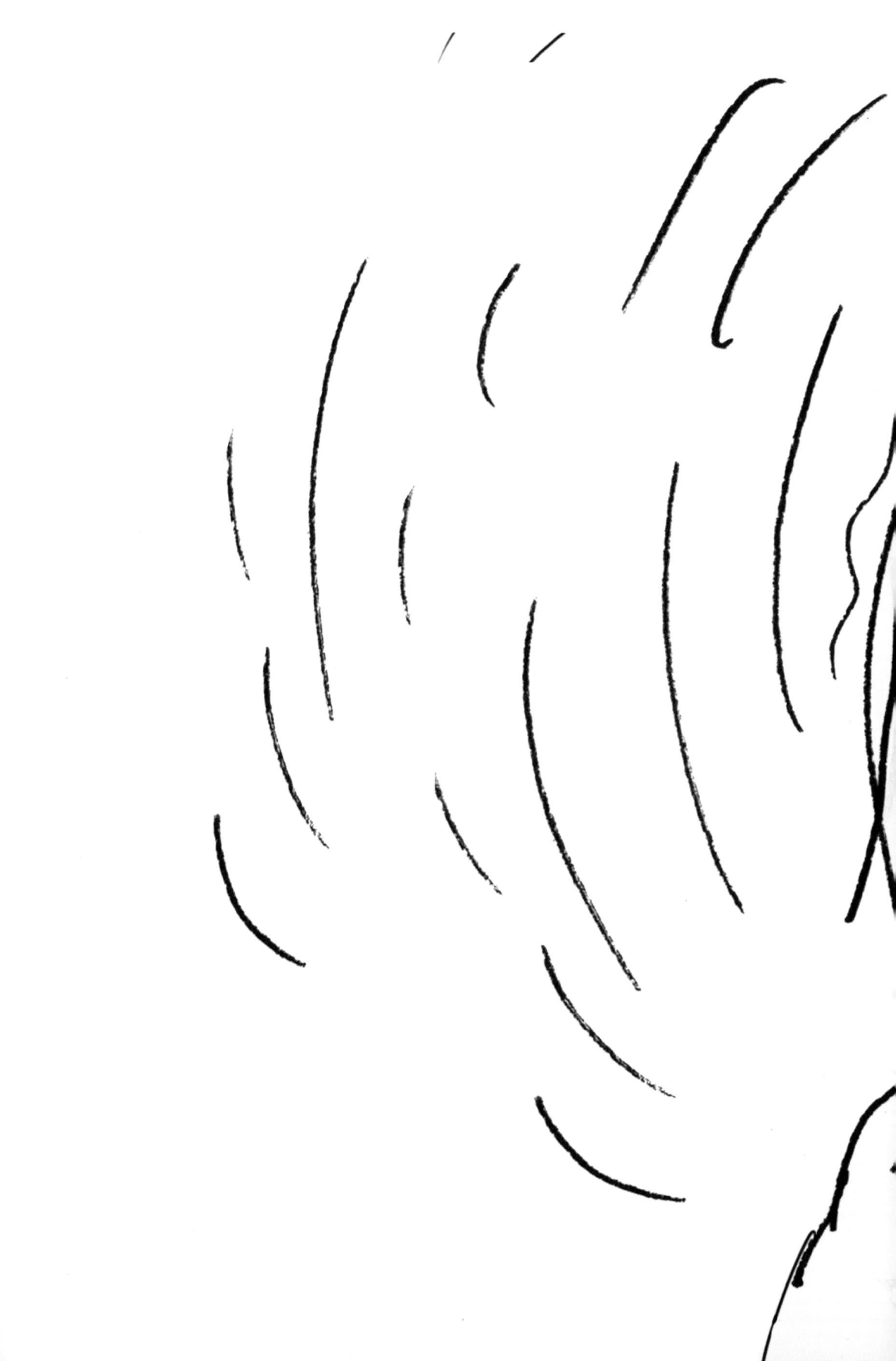

Popel.

Danke, Mama.

Mama,
rate mal, wie
lieb ich dich hab.

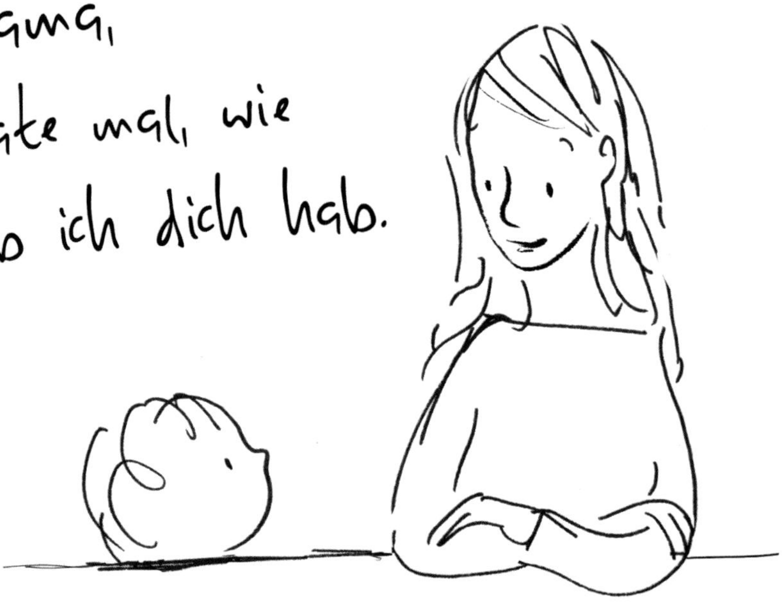

Weiß nicht. Wie lieb denn?

Ich hab dich lieb ... den
ggganzen Weg bis zur Küche ...

... und zurück.

Wow! So lieb?

Und ich hab dich auch lieb.

... den ganzen Weg

bis zur Küche ...

... und zurück.

Mama,
warum
weinst
du?

Weil
deine
Schuhe
so klein
sind.

Wow.
Erwachsene
sind wirklich
komisch.

Pipi, Mama.

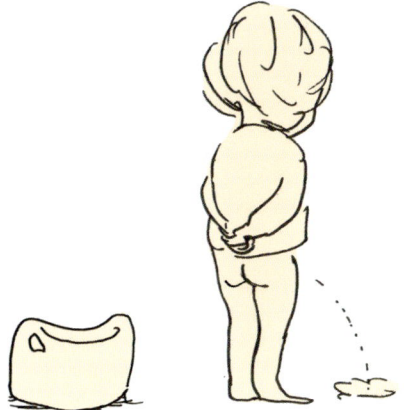

Mein Ball ist so hässlich.

Mein Ball ist so streifig.

Mein Ball ist so ballig.

Mein Ball ist ...

... weg.

Kacha.

Wo?

tuff
tuff
Kackabahn

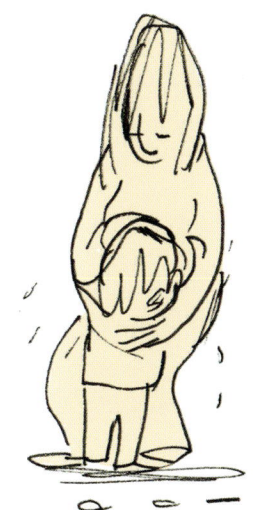

Warum?

Warum?

Warum?

Warum?

Warum?

Da ...

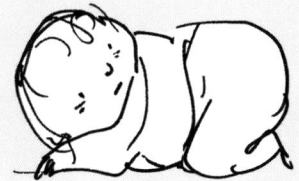

... rum.

Bäh.

Bäh.

BÄH.

Bäh.

B-Ä-H.

Bäh. Bäh. Bäh.

BÄH!!

Mhmm!

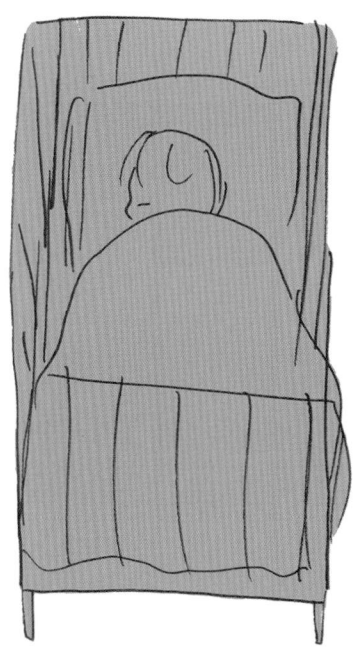

schlaf
bitte.

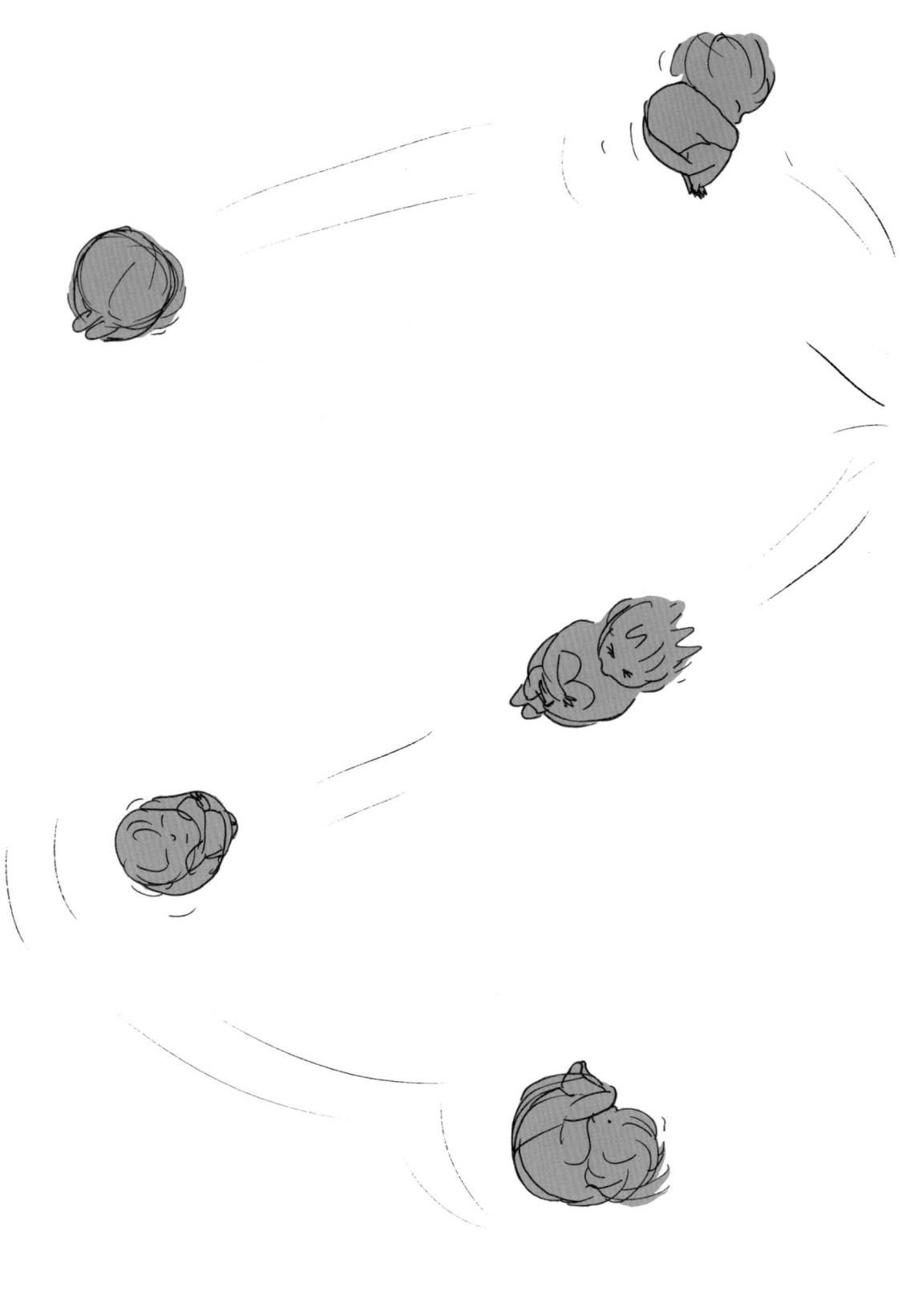

Morgen!

Zu früh?

Nö.

tee, papa?

Bitte schön.

Guck mal, Mama.

Guck mal, Mama.

Guck mal, Mama.

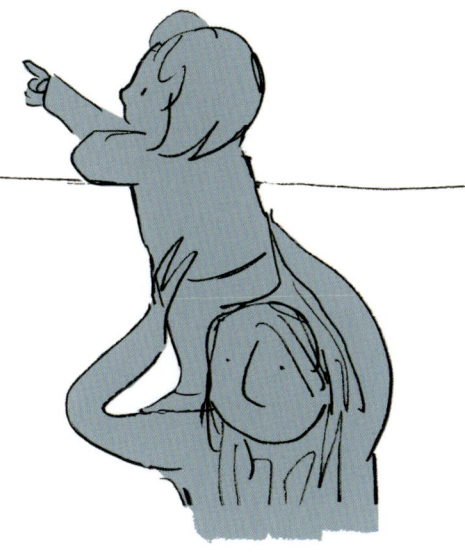

Siehst du,
Mama?

Mama.

Kacha.

Meins! Für immer!

Mama

Mama

Mama

Mama

Mama

Mama

Mama

Mama

Mama

Mama

Mama

Mama

Mama

Mama

Mama

Ja, Schatz?

Wie schön.

schlaf
bitte,
bitte,
bitte.

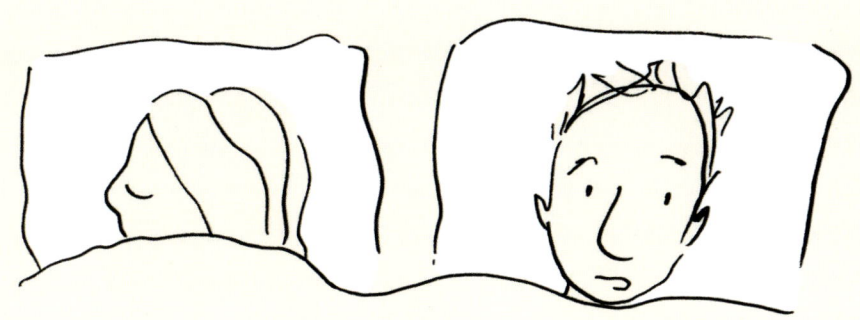

Hörst du das?

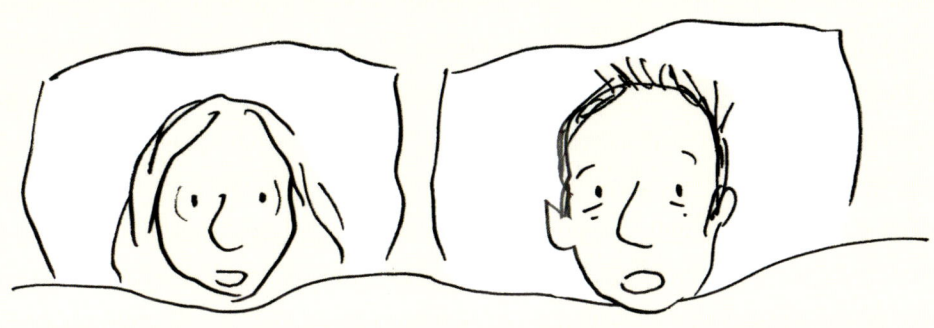

stille?

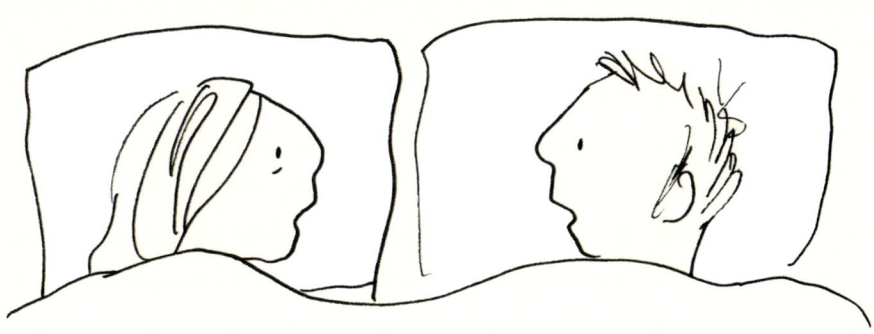

ER HAT DURCHGESCHLAFEN!!!...

Er hat durchgeschlafen!
Er hat durchgeschlafen!
Er hat durchgeschlafen!

Er hat die
ganze Nacht
durchgeschlafen!

Lass uns noch ein Baby haben!

Wir
haben
tolle Neuigkeiten,
Schatz!

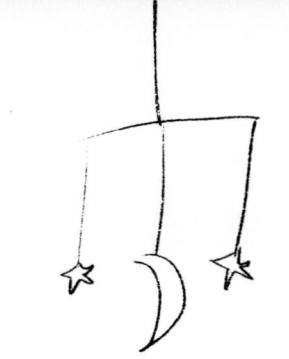

Phase 4

Hört sich
für mich nicht
sooo toll an.

Hey,
Mama,
hast du
den Mond
verschluckt?

Das war aber ein bisschen sieris.

Wir reichen Käsebällchen.

Sag Hallo
zu deinem
Bruder.

Es ist nur
eine Phase.

Phase 5

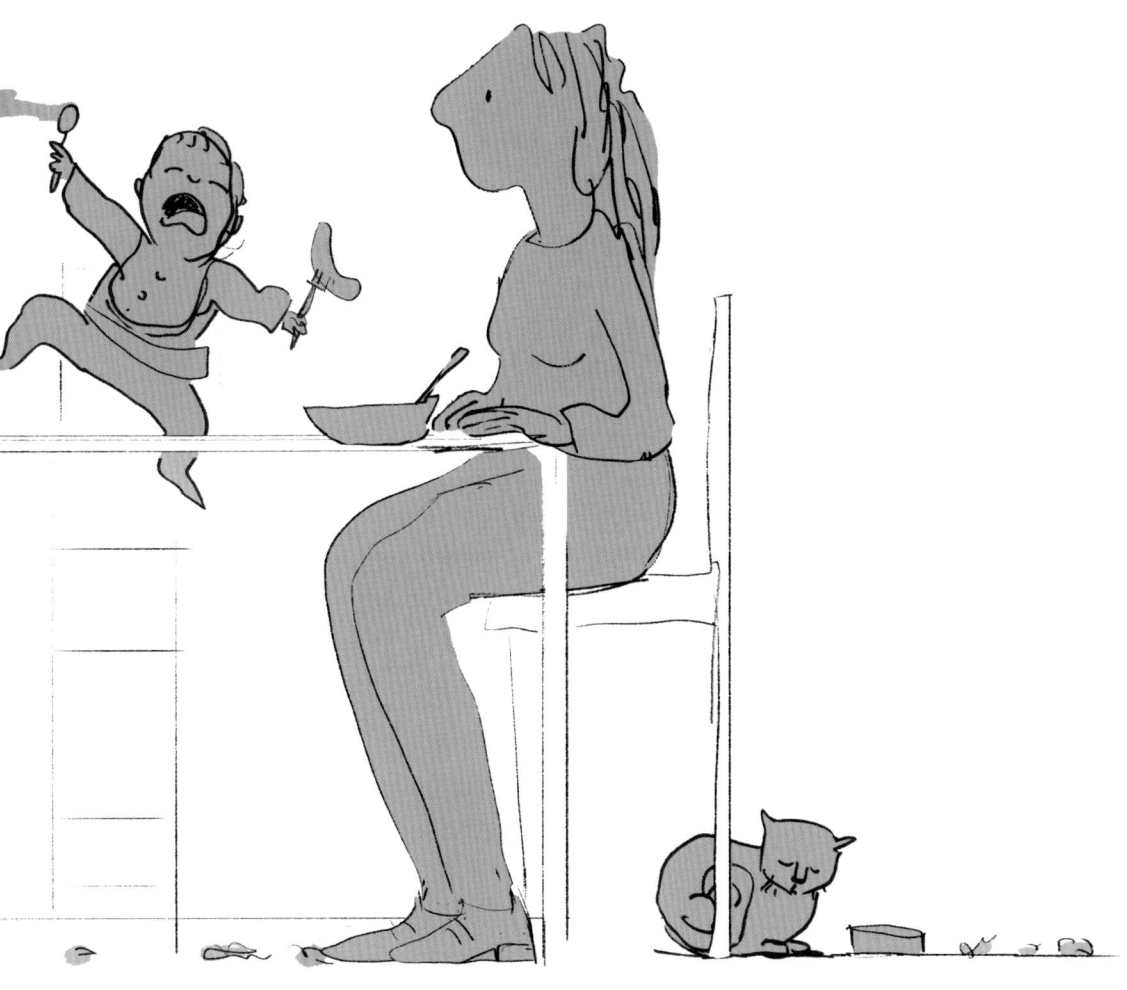

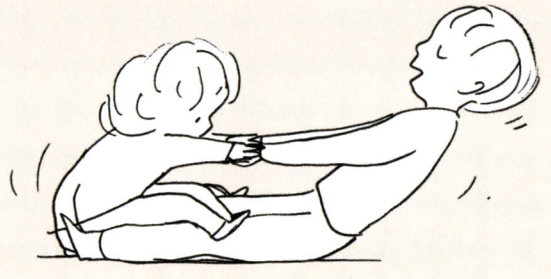

Fährt ein Schiffchen übers Meer,

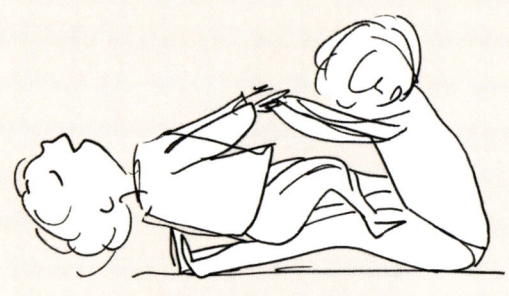

schaukelt hin

und schaukelt her,

kommt ein großer Sturm,

fällt das Schiffchen um.

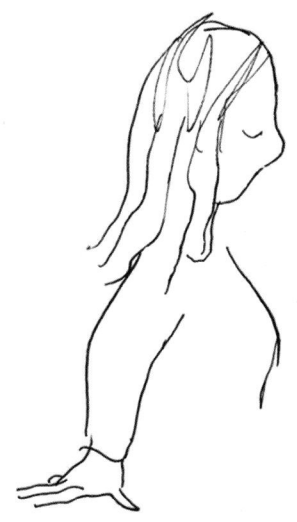

Lass es
über dich
hinwegspülen.

Sieh zum Licht.

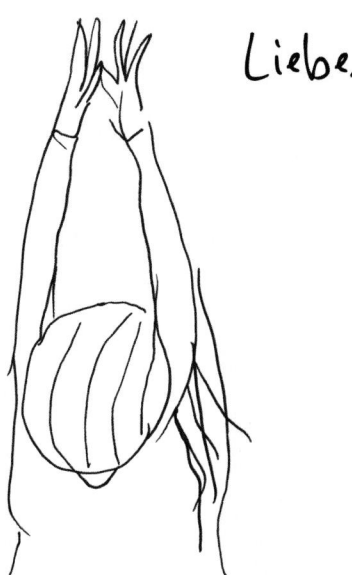

Liebe.

Lebe.

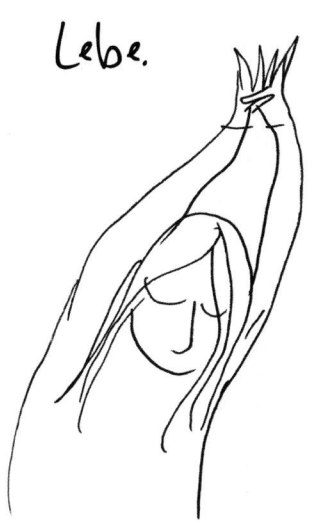

Atme.

Sei.

trink den GAAANZEN Kaffee.

... und wenn das nicht funktioniert?

Versteck dich.

(In einem besseren Versteck als diesem.)

Gehen wir jetzt wieder heim?

Hey, Mama, zeichne doch
mal was Lustiges.

ZÜNDUNG !!!

1...

2 ...

3...

teller spülen.

teller abtrocknen.

mit den tellern jonglieren.

teller kreisen lassen.

teller fallen lassen.

teller werfen ...

teller zusammenkehren.

scheiß auf
die teller.

... Essen bestellen.

Mama, versteckst du
dich wieder?

schlaf, bitte.

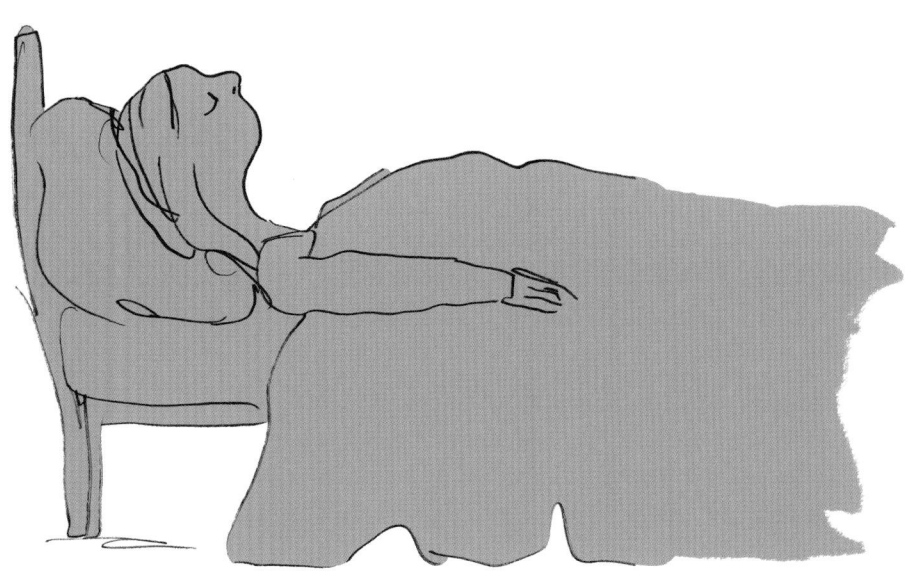

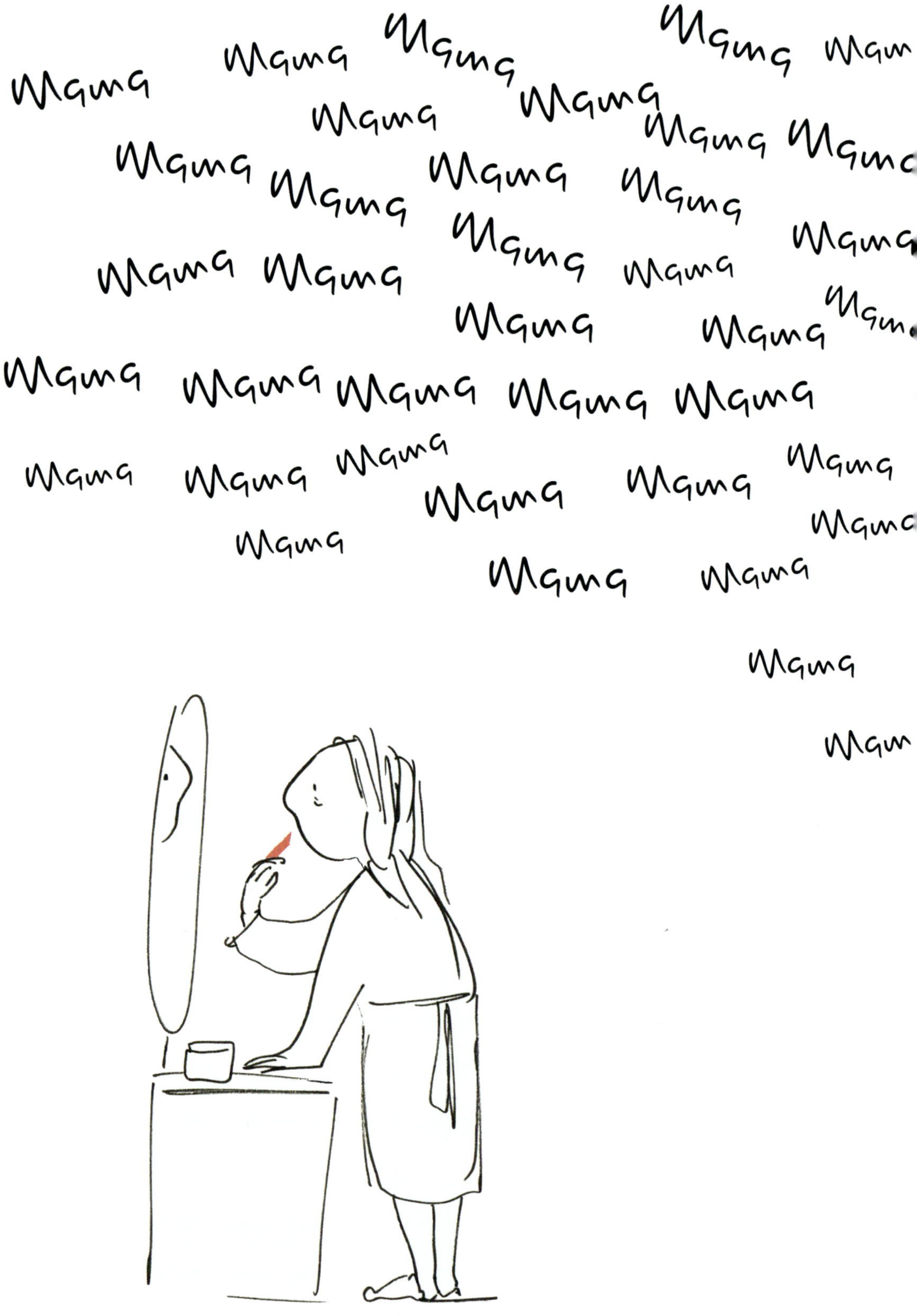

Ja, ihr Lieben?

Phase 6

Klopapier ist alle!

Aber ...

... keine Sorge, Mama ...

Ich komm an den Vorhang ran ...

... Alles wieder sauber!

Ich würde dir
den Mond
schenken,

ich würde dir die
Sterne schenken,

ich würde dir die
ganze Welt schenken

Bitte?

in all ihrer Schönheit.

Nein, Kekse gibt's
nicht.

Füttert mich mal jemand?

Als ich das letzte Mal
in den Spiegel gesehen
habe, war ich 25.

Vielleicht, wenn
ich die Haare
hochstecke ...

... ein paar Ohrringe ...

... ein bisschen Make-up ...

Großartig.

Ich hab's noch drauf.

Ich
seh aus!

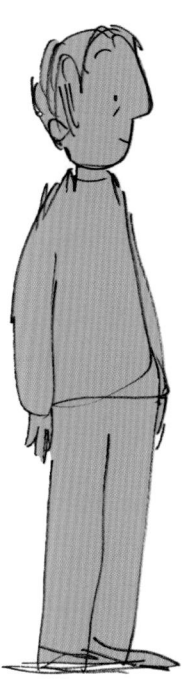

Kann schon selber.

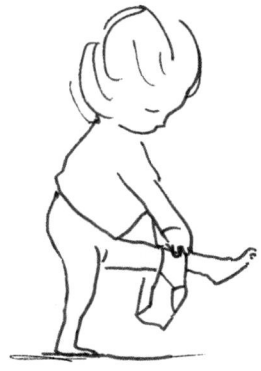

Ein Bein ...

zwei Beine ...

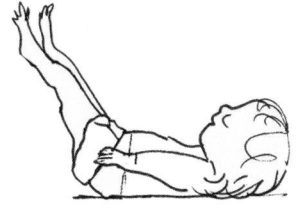

... und ziehen.

ta-ta ...

Fertig!

Me-time ...

You-time.

Diese Phase
mag ich.

Keine Bange, Schatz.
Der Kindergarten
wird super, du wirst es
da ganz toll finden.

tschüss, Schatz,
tschüss.

Hab dich lieb.

tschüss.

... ganz
toll.

Wie war es im Kindergarten, Schatz?

Zuerst stand
ich so da.

Dann hab ich
mal gespickt, so.

Dann war ich mutig
und hab gewunken, so.

Und ein bisschen mit
den Armen gewedelt ... so.

Dann bin ich geflogen, so.

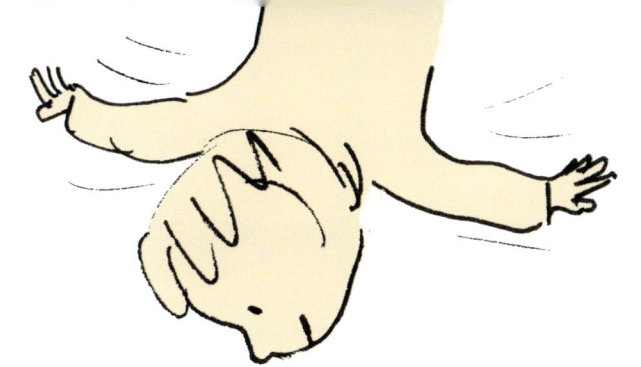

Klingt toll!

... Und was
ist dann
passiert?

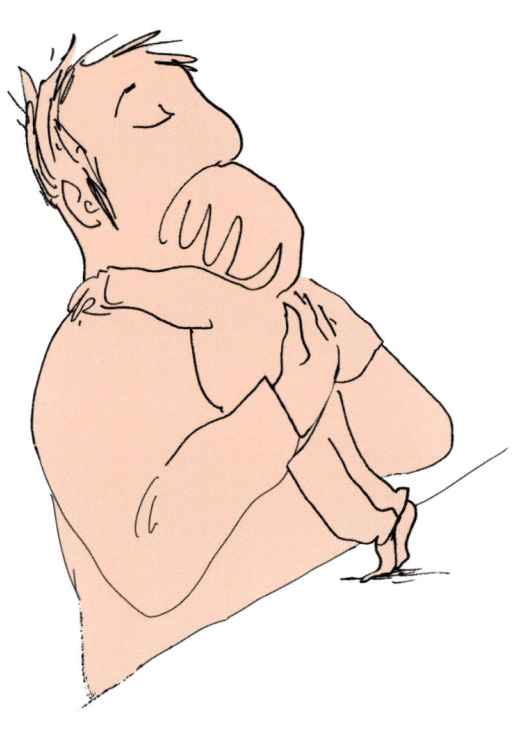

Wow, Mama.

Äh, Mama.
   Wir bilden uns ein
      MONSTER im
         Wäschekorb ein ...

Phase 7

und es guckt
uns an.

Zieh dir bitte die Schuhe an.

Zieh dir die Schuhe an.

Hast du gehört?

ICH SAGTE ...

...ZIEH DIR DIE SCHUHE AN!!!

Mama! schnell!

Danke.

Aggggggg

crrrrrrrrrrsh

Wir gehen
nirgendwohin,
wenn du dich nicht
beruhigst.

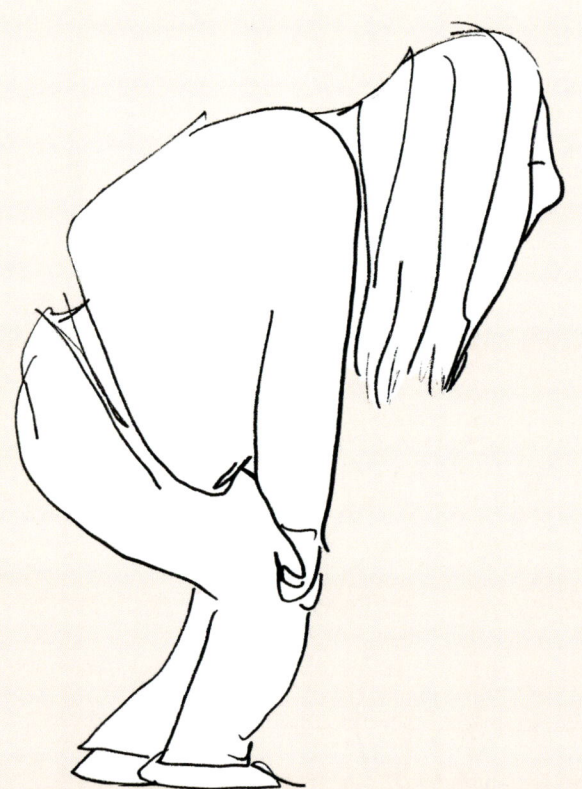

Schooon
besser.

Und jetzt wollen wir einen schönen Tag haben, ja?

Da ist
ein Monster.

Es ist RIESIG.

... Hat einen großen,
gruselhaarigen Hintern
... so.

Es stapft
so herum.

... und wenn es
wütend ist ...

Aber das
ist okay, weil
jeder weiß ...

... dass auch Monster ...

... nur wollen,
dass einer
sie lieb hat.

Donut
bitte.

Ich
sagte
Donut.

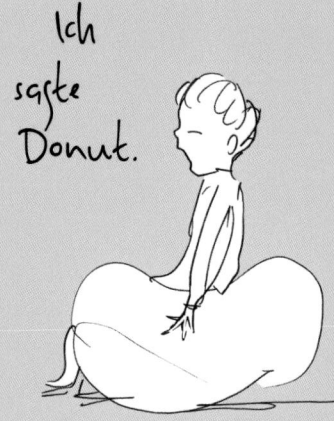

Wo ist
mein Donut?

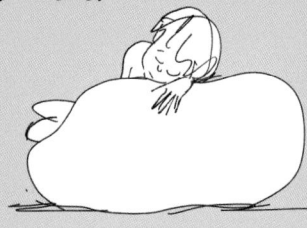

Hört mir überhaupt
jemand zu?

Interessiert sich hier
überhaupt jemand für ...

... Donuts?

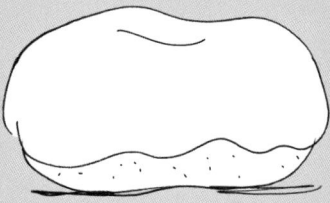

Hüa, Pferdchen!

Diese Phase
ist lustig.

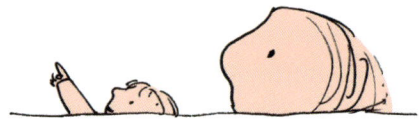

Guck mal, Mama, da kommt Archibald ...

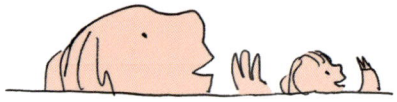

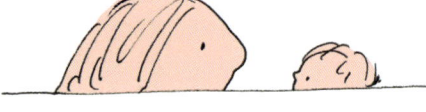

Hi, Archie!!

Er war erst nur eine Raupe.

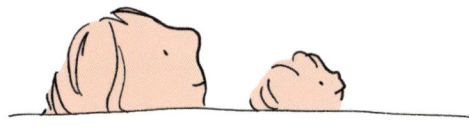

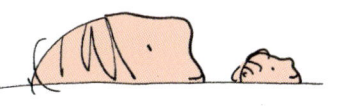

Und schau ihn jetzt mal an!

Wow.

Wenn ich groß bin,
werde ich Schmetterling.

Ich auch.

Seht ihr nicht, dass ich zu tun habe?

... Aber
Mama!!

Die Wäsche gerät
außer Kontrolle.

Was ist los, Schatz?

Müdi-tüdi?

Grummelig-brummelig?

Kacka-Windel?

Dursti-wursti?

Knusper-Keksi?

Knuddel-wuddel-kuschel-wu?

Mama, bitte ...

Ich denke nach.

Sitz, Mama.

Bleib.

Hol's,

Mama.

So ist's fein.

mittagessen?

... siehst du nicht,
dass wir zu tun haben?

Ich brauche eine
Schnur.

Danke.

Hast du ein
Stück Pappe?

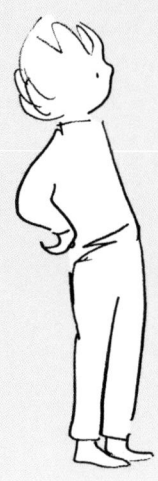

Wunderbar.
Danke.

Klorollen?

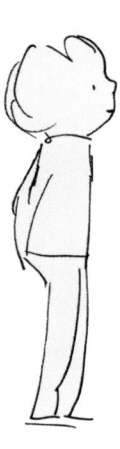

Supi.

Ich brauche deinen Stuhl.

Ich nehm auch deinen Schreibtisch und deinen Laptop mit.

Brauchst
du sonst
noch was?

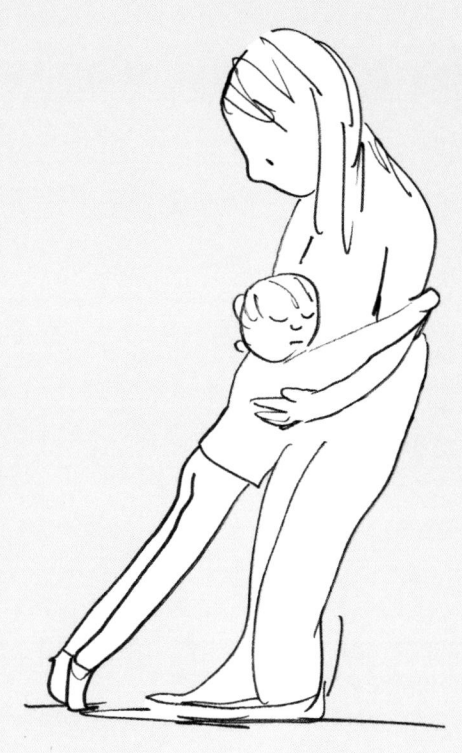

Phase 8

Zum Mond
natürlich!

uuschschsch

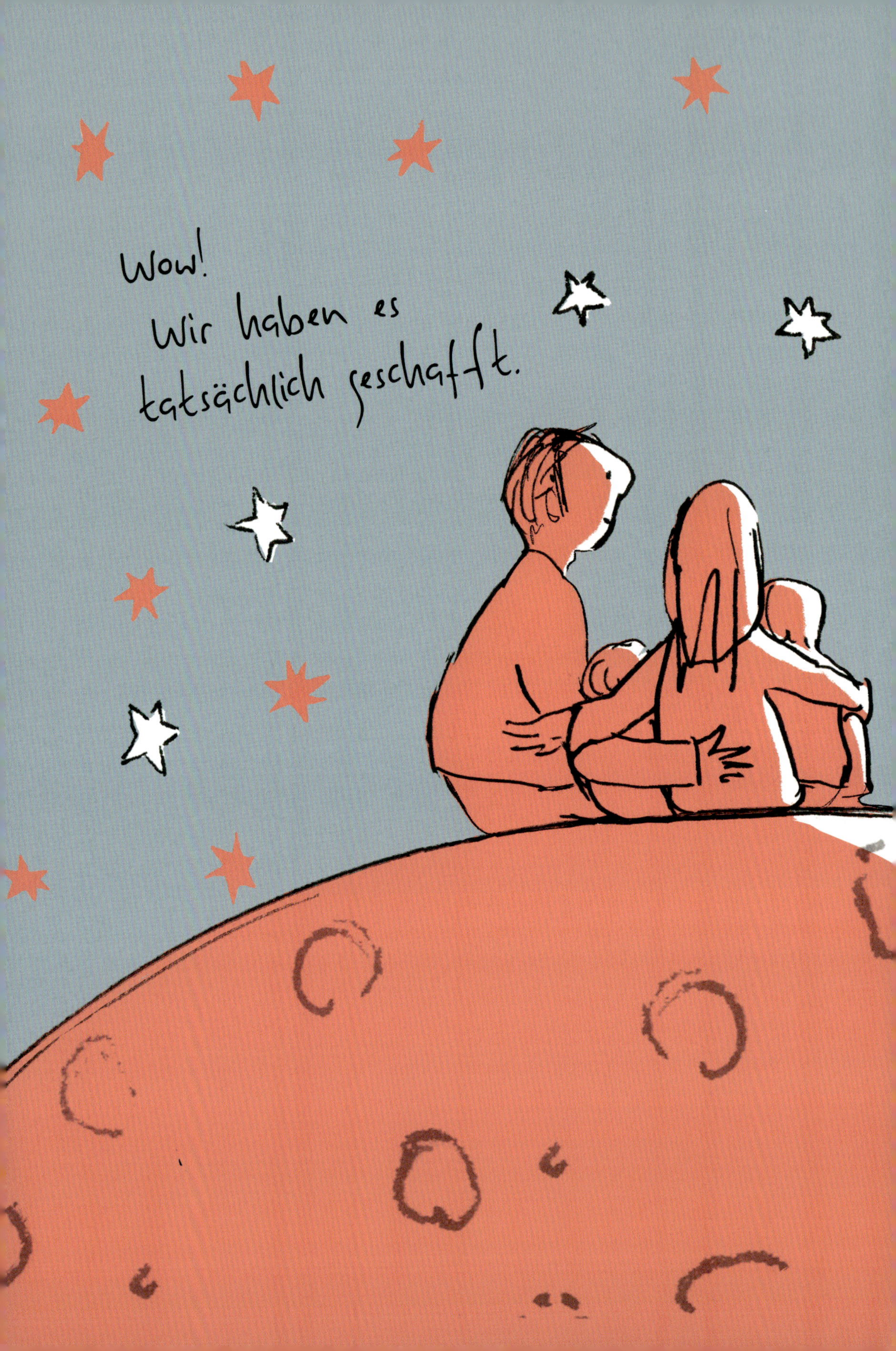
Wow!
Wir haben es
tatsächlich geschafft.

Hey!
Hat irgendjemand
die Katze gefüttert?

Alles in allem also ...

ist das Muttersein ...

atemberaubend

absolut irre

spektakulär

total
schlauchend

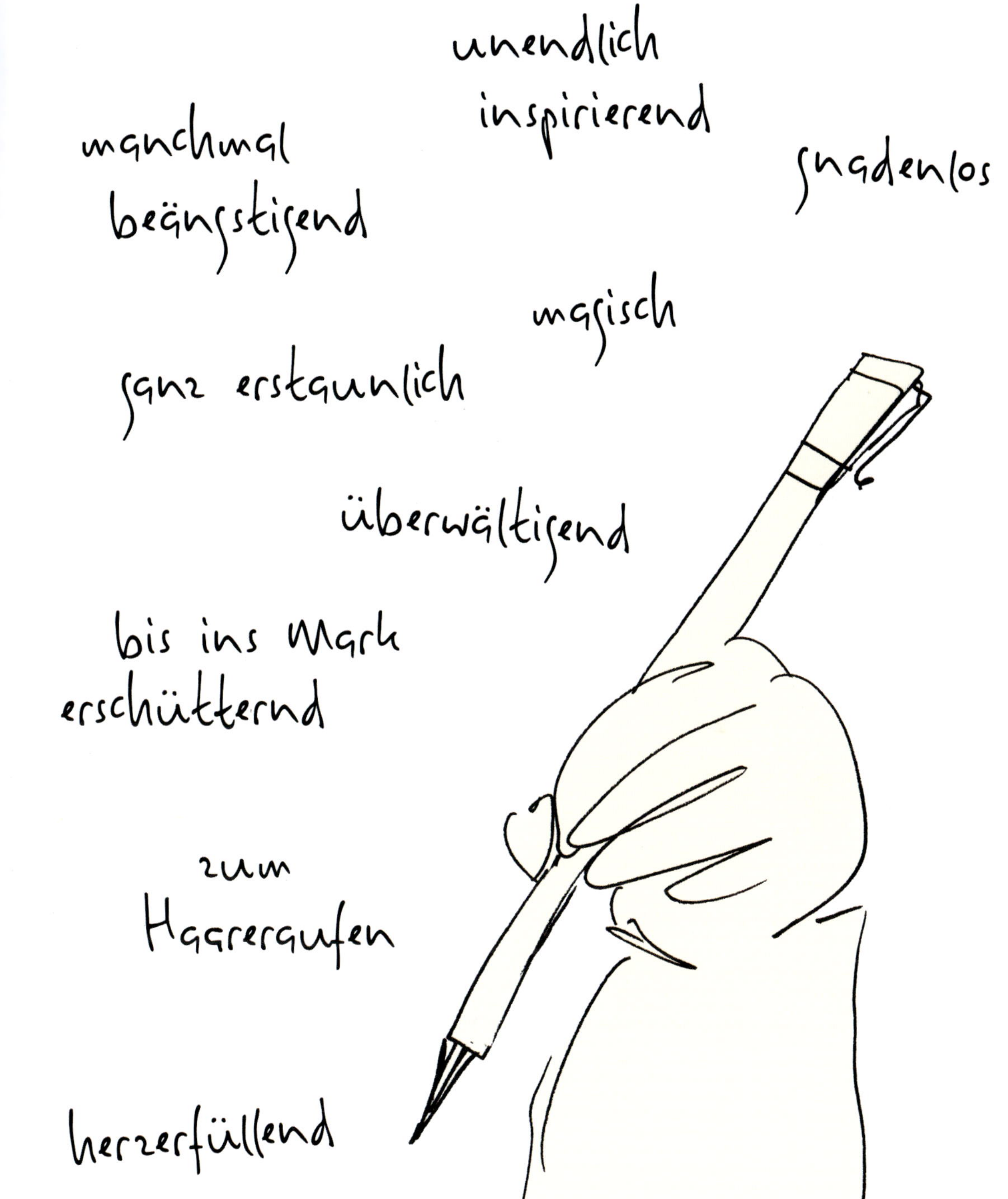

unendlich
inspirierend

manchmal
beängstigend

gnadenlos

magisch

ganz erstaunlich

überwältigend

bis ins Mark
erschütternd

zum
Haareraufen

herzerfüllend

... und ein
zauberhaftes,
wundervolles
Privileg.

Bist du fertig,
mama?

Ja.

Gut.

Wir brauchen
deine
Stifte.

ENDE

Polly Dunbar zählt zu den bekanntesten IllustratorInnen Großbritanniens. Sie gestaltete u.a. Eoin McLaughlins Kinderbücher *Umarmst du mich mal?* und *Winkst du mir mal?*. Dunbar, die von BookTrust unter die zehn besten IllustratorInnen gewählt wurde, betreibt neben ihrer gestalterischen Arbeit ein Puppentheater und schreibt auch selbst. Ihr Kinderbuch *Sag doch was!* war in Großbritannien ein Bestseller und erhielt zahlreiche Preise. Sie lebt im Waveney Valley, Suffolk, mit ihrem Mann und den beiden gemeinsamen Söhnen.